KARI AZRI

Voyage poétique

Poésie

DU MEME AUTEUR

Tous les titres des livres

2016 Succès Poésie (poésie)

2018 Voyage poétique (poésie)

2018 Les crimes des esquisses (roman)

Retrouvez toute l'actualité de Kari Azri

Le blog Lemondeselonkari .blogspot.com

Instagram @kariazrijoy

©Tous droits réservés Kari AZRI

Table of Contents

Les murs ocres 13

Une charmante vision 14

Un sourire de printemps 15

Aux rythmes des tristesses 16

Je t'aime tant 17

Volupté saisissante 18

Ma fabuleuse lettre 19

Ma fabuleuse lettre 20

Ma saison d'hiver 21

Je te respire 22

Le chant sublime 23

Un tango 24

Ici ou ailleurs 25

Hors du temps 26

Le passager de l'espoir 27

Jour après Jour 28

Les eaux cristallines 29

Dévotion 30

A toi, à moi 31

La vibration 32

Les pensées confuses 33

Comme des amoureux	34
Au charme désuet	35
La douleur	36
Les oiseaux envolés	37
Loin des loges	38
Ma précieuse	39
Une rage osée	40
Passagère de l'amour	41
Vue sur l'éternité	42
Fous rêves	43
L'appel du cœur	44
Mon trésor	45
Aucune feinte	46
L'aquarelle de Décembre	47
Une dernière	48
Dans le froid	49
Les excuses	50
Une mélodie	51
Loin des mirages	52
Le coucher du soleil	53
Le rideau de pluie	54
Rien du tout	55
Dessinez-moi un arc-en-ciel	56
Le cœur aimant	57

Les mots effacés	58
Sous le sublime	59
La danse de l'automne	60
La Fantaisie d'un vieillard	61
La cage maudite	63
Les petites phrases assassines	64
A travers le temps	65
Au bout du fil	66
Les embruns	67
Le phare	68
Les murmures	69
Un mot pour vivre	70
Incognito	71
L'amour fou	72
Tant d'impatience	73
La vieille ville	74
Une rose délicate	75
La lumière du jour	76
Écoute le silence	77
Le vinyle	78
En terre inconnue	79
Malgré tout	80
Je n'ai besoin d'amoureux	81
En noir et blanc	82

Les merveilles du monde	83
Au bord du précipice	84
Le parfum d'un sourire	85
Amour toujours et encore	86
Deux oiseaux	87
De l'encre noire	88
Sous l'innocence	89
La rivière chante	90
Une sensation de plaisir	91
L'étendue de déchets	92
Comme un môme	93
Les heures	94
La femme en rouge	95
Sur mon chemin	96
Un moment d'octobre	97
Pianoter ma vie	98
Les âmes guerrières	99
Une vison d'autrefois	101
Le clown rêveur	102
Un soir de septembre	103
Les cloches	104
Les mots dans l'aventure	105
Les quatre saisons	106
The final countdown	107

Un monde sous pilule	108
La lumière mystérieuse	109
Comme des baisers	110
Notes de velours	111
Les fleurs bleues	112
Les promesses...	113
La dame de fer	114
Message d'amour	115
A ma plume	116
Ecrire en musique	117
Comme une danseuse	118
La tempête	119
Le papier noirci	120
Et si maintenant...	121
Un soir d'Aout	122
Encore et encore	123
Rêves étouffés	124
Silence on s'aime	125
Encore et encore	126
Comme une mélodie	127
Mon cher amour	128
Ta bonté est si	129
Ma belle muse	130
Un peu plus de bleu	132

Un cœur fragile	133
La cassure	134
La pellicule	135
Un doux Juillet	136
La fantastique lyre	137
La pluie	138
Le libertin	139
L'angoisse	140
La déchirure	141
Soleil	142
Une paix paisible	143
De l'autre côté	144
Le chagrin	145
Une voix de velours	146
Faites- moi danser	147
Le baiser	148
L'amour sourd	149
Une quête incertaine	150
Harmonie d'un soir	151
Un instant avec toi	152
Tandem	153
Une passion oubliée	154
La porte des songes	155
Un soir d'été	156

Exquise esquisse 157

Sentiment obscur 158

Vice et versa 159

La ballade fleurie 160

Un soir d'antan 161

L'indifférence du silence 162

Viens près de moi 163

Les murs ocres

Le soir, dès que le jour chaud se dérobe
La ville couleur ocre respire la douceur
Les fleurs d'étés parfument les rues dès l'aube
La fraicheur se diffuse enivrant ses hôtes des heures

Les murs roses encore chauds transpirent la joie
D'une foule qui inspire l'allégresse des douces nuits
Pour cueillir le rythme endiablé du petit endroit
Au cœur des majestueux palmiers, mon âme se réjouit

Une charmante vision

Un songe ou une pensée, peu importe
La tendresse et l'amour l'emporte
Tu étais présent même si loin de moi
Une charmante vison de nous, de toi

Mon cœur fragile, mon bonheur sommeille
Il aime encore nos premiers réveils
Dans le rêve, comme une armée de cavaliers
soulevait mes pieds nus sans souliers

Puis je me souviens comme une amoureuse
Le cœur souriait et l'âme heureuse
Ensemble pour toujours dans une toile
Tout comme un baiser derrière le voile

Un sourire de printemps

Au plus profond de nos vils désirs
L'émotion enflammée s'empare du plaisir
Et la misère se noie derrière l''enivrement absolu
L'amour un sortilège délicieux ,essentiel et superflu

Rien d'étrange comme l'esprit à ses secrets
La volupté sourit devant les amoureux discrets
Les cœurs palpitants sous les premiers émois intenses
Les baisers mielleux passionnants, la quintessence

Oubliant le jour et la nuit et les archanges
Les âmes heureuses dansaient même sous la fange
Le bonheur d'un instant flottait sous les cieux
Comme un sourire de printemps sous un ciel bleu

Aux rythmes des tristesses

Le temps aussi précieux que dur tourne si vite
Je revois tous les amours, ils sommeillent vous dites ?
Non ! Je me souviens comme un enfant de la tendresse
Des merveilleuses histoires aux rythmes des tristesses

Puis sous la pluie je ressens le bonheur
D'aimer ,à toutes les saisons même sans les fleurs
La vie est si fragile et belle comme une rose
Le temps emporte la joie l'amour même le jour morose

Les lettres écrites brulent sous les flammes
Je cours, cours et l'air me pousse loin de ma dame
Mes larmes s'envolent au-delà portées par des ailes
Une espérance à travers ce temps et sa fumée embrasser
ma belle

Je t'aime tant

J'existe à travers toi pour toujours
Laisse ton âme tourner tout autour
De mon cœur si fragile juste un instant
Si seulement tu savais comme je t'aime tant

La lune d'argent brille comme tes yeux
Sous la lumière ferrique des cieux
Ils racontent toute la grâce et la douceur
Dans le creux de mes mains tombent les pleurs

Une rivière coule sur nos troubles émois
Au bout du chemin ,des baisers chauds pour toi
L'amour soufre puis se mêle la jouissance
Le bonheur frissonne sous tes états d'âme en puissance

Volupté saisissante

J'aime tout ce qui entoure mon être
Le violon joue son air doux enchanteur
Le souffle en caresse nait du bas de la guêtre
Il circule avec ardeur mais en douceur

La grâce s'incline devant l'envie brulante
Sans un mot dit le cœur s'enflamme
Encore des baisers dans une volupté saisissante
J'aime ton regard envoutant jolie femme

Soupirez encore ,mon cœur veut vous appartenir
Je pourrai sentir le bonheur d'hier et de demain
Je vous offre ma rêverie pour une vie à venir
Un instant près de vous maintenant entre vos mains

Ma fabuleuse lettre

Je prends soin de toi par la pensée
Chaque jour un vœux s'envole la haut
Te désirer dans mes bras, tu seras caressé
J'arrose chaque soir ma rivière de rêves très beaux

J'écris une fabuleuse lettre où les mots embellissent
Ma joyeuse vie en ta présence c'est le miracle
Mon esprit s'inspire déjà de notre amour complice
Je me souviens de la tendresse ,la passion en boucle

Viens à moi cher amour c'est mon choix mon vœux
Comme dans mes songes l'énergie est fabuleuse
C'est possible même hors de mes rêveries bleues
Je ressens immédiatement l'aventure merveilleuse

Ma fabuleuse lettre

Je prends soin de toi par la pensée
Chaque jour un vœux s'envole la haut
Te désirer dans mes bras, tu seras caressé
J'arrose chaque soir ma rivière de rêves très beaux

J'écris une fabuleuse lettre où les mots embellissent
Ma joyeuse vie en ta présence c'est le miracle
Mon esprit s'inspire déjà de notre amour complice
Je me souviens de la tendresse ,la passion en boucle

Viens à moi cher amour c'est mon choix mon vœux
Comme dans mes songes l'énergie est fabuleuse
C'est possible même hors de mes rêveries bleues
Je ressens immédiatement l'aventure merveilleuse

Ma saison d'hiver

Ma saison d'hiver sous la blancheur
Au loin je rêve déjà aux jours ensoleillés
Puis Je ressens la douceur des belles fleurs
Alors sur le beau manteau blanc, je songe éveillé

La poésie discute avec les arbres dénudés
Et le vent ni doux ni violent souffle la brise
Comme le vent ,je m'envole dans l'embarras d'éluder
Point de fugue ,juste une évasion au rythme de la bise

Les mots de gratitudes s'invitent à l'hiver rude
J'entendis lors de mon voyage toute ma reconnaissance
Une liberté ,ma musique s'élève en toute quiétude
Bientôt les oiseaux chanteront l'été et ses nuances

Je te respire

Loin de ma vision-le au-revoir
Reste encore plus près de moi
Sache que loin de l'espoir
Il ne reste que les tristes émois

Dans l'ombre de tes beaux rêves
Un secret renferme ton doux amour
Oubli la fuite et accorde une trêve
Mes mots sont honnêtetés et velours

Ma vie, ma maison sans toi ressemble
A une lettre perdue sans adresse
Je te respire, je vis pour toujours ensemble
Retiens -moi, embrasse-moi sans cesse

Le chant sublime

Quelqu'un me murmure des mots tout en douceur
Et j'entends le chant sublime de ma joie
L'émotion intense émerveille mon cœur
Les rêves révèlent l' existence de la foi

Tout mon être absorbe la douce énergie
Une grande fraicheur comme une vague d'océan
Mon corps paisible et joyeux toute une magie
bercé par le vent je vole comme un goéland

L'amour m'envahit comme au premier jour
Un cri juste un mot se révèle dans le ciel
Un immense merci jaillit puis nait l'amour
Je vois l'incroyable abondance et son miel

Un tango

Tes bras me chuchotent des douceurs
Un tango, une danse éphémère, une apothéose
Ce moment restera immortel pour nos cœurs
Passionnées les minutes se perdent comme une rose

Tes pas sont le reflet de mon miroir
Dansons ! Que vole nos pensées d'amour
Je serais guidé même dans le noir
Je veux vivre dans cette ronde chaque jour

C'est ainsi que danse notre conversation
Notre intimité est un poème lors de notre marche
Tout le silence s'écrit sous la passion
Nos âmes se réjouissent sous ta dentelle blanche

Ici ou ailleurs

Un baiser ici ou ailleurs charme les amoureux
Les chuchotements s'élèvent loin des moqueurs
Un chemin est cousu d'étoiles où les mots bleus
Par la grâce s'envolent parfumés de bonheur

Toi! l'opprimé ferme les yeux et respire
La joie est permission sois prince
L'amour est en toi expulse le pire
Retiens que l'essentiel les plus minces

Dans le royaume du humble sir
Il vole ,vole vers une promise couronnée
Tout n'est qu'illusoire observe le papillon de cire
C'est un vainqueur les ailes déployées et ornées

Vers un monde où la magie est des plus enchantée
La main sur le cœur aime ,apprécie ton dégoût
Car maintenant l'amour grandit tu es majesté
La porte du trésor est ouverte ainsi oublie les égouts

Hors du temps

L'âme seule perturbée pense trop
Délicate et puissante dans sa fragilité
Et exceptionnelle du haut de son berceau
Elle reste néanmoins triste avec sa dualité

Dans le doute, sa croyance se perd dans la folie
Puis elle pense ,espère retourne son cœur ivre
Avant que le désespoir s'empare de son être ,elle lit
Son esprit s'innove se ressource dans son livre

Ce qui est magistrale c'est la perfection autour d'elle
Tout comme la beauté et pureté est à son intérieur
Merveilleuse elle sera toujours la curiosité ,l'appel
La réponse reste incomplète ou absente à l'extérieur

Mais venu de nulle part hors du temps parfois un monde magique
Juste endormi dans le royaume de l'inconscience
Un monde des plus inspirant et délicieusement magnifique
Ou les larmes de bonheur coulent sans violence

L'époustouflant sourire se dessine lentement
Les mots si étranges couchés ici et là et plus bas
Le réveil sonne ,l'égaré pousse l'ombre soudainement
Tout est clair maintenant même ce qu'elle ne voyait pas

Le passager de l'espoir

Lorsque le jour laisse place
A la nuit habillée d'étoiles
La dentelle lumineuse offre sa grâce
C'est tout un conte magique en toile

Le monde rêve attendant un jour nouveau
Seul face à la clarté de la lune
Les sombres angoisses et leurs fardeaux
Ils étouffent tout être comme les dunes

Au loin des ruelles, un apprenti accordéoniste
Où était-ce peut- être un ange des lumières ?
Une musique des plus magistrale digne d'un artiste
L'envoutante mélodie pénètre comme une prière

Le passager de l'espoir a touché mon cœur
Il s'écria encore ,Espère et toujours!
Aime, espère crois au bonheur !
Le petit bonhomme dit à la voix de velours

Jour après Jour

Une place à l'amour est essentielle
Pour un équilibre parfait avec soi-même
La romance j'accueille comme du miel
Juste toi et moi deux êtres qui s'aiment

Je serais ton miel sur tes lèvres
Tu seras mon diamant ma lumière
Tu effaceras les couleurs mièvres
Mes pensées volent dans les airs

chaque matin j'offre ma gratitude
Ma foi s'accroit jour après jour
j'attends avec patience et certitude
L'instant de me blottir contre toi cher amour

Les eaux cristallines

Le plus inspirant c'est vous je devine
Un mot, magnifique c'est tout
Un être véritable se cache en chacun de nous
Il apporte l'extraordinaire à notre âme divine

L'esprit se nourrit de nos merveilles
Vivre pleinement chaque scènes rêvées
Elles apparaissent soudainement comme un soleil
Les sentiments engagés sont en harmonie ranimés

Laissons place à la lumière divine
Ainsi nos vibrations circulent avec amour
Comme une rivière aux eaux cristallines
Elle coule sereinement lors des beaux jours

Dévotion

Les moments heureux s'écoutent en chantant
Un seul chemin mènera au doux bonheur
Celui des sentiments rayonnants
Comme la vibration naturelle d'une fleur

Imagine au plus profond la porte du cœur
offre lui une pure respiration
Une pluie de senteurs florales
Et sa puissance aux pulsations
Très douces révéleront les couleurs

Ho! visage souriant aime comme une âme d'ange
Ferme les yeux abandonne le passé rude
L'amour et toute sa dévotion rien d'étrange
Au réveil la rosée parfumera les nouvelles attitudes

A toi, à moi

L'instant coule des pensées heureuses
Ma douce amie, ma vie resplendit
Cœur exalté, à la main une rose charmeuse
Les minutes s'agitent, j'entends déjà la mélodie

Une douce lueur apaise mon âme
Tellement d'amour en partage et sans fin
Ils n'attendent que grandir ma chère dame
Mes sentiments dévoilés au creux de tes mains

Comme un cœur d'enfant fort et courageux
Sous les envies venues avec la fougue
A toi à moi à nous pour toujours heureux
Sous les étoiles et vents nos rêves voguent

La vibration

L'esprit merveilleux de la nature
Des cieux il flotte dans les airs
Le désir se dessine sans censures
Offrant le voyage du fabuleux sanctuaire

Votre corps se nourrit d'abondance
Le plaisir augmente la satisfaction
Puisez en vous, exploiter à outrance
L'énergie tout autour sans restriction

La vision et l'âme se reconstruit
Ressentir la vibration positive
Nous apporte la lumière et son fruit
Rêvez pour que le bonheur s'écrive

Les pensées confuses

Dans le pouvoir d'être libre et vivre
Se contenir est de s'enchainer comme ivre
La noirceur occupe les sanglots du malheureux
La lumière arrose le bien heureux

C'est alors et seulement si j'ose
Oublier l'imperfection et son temps morose
Embellir toutes les pensées confuses
Et l'esprit peut-être l'âme s'effusent

Tout comme un merveilleux jardin
Où le parfum délicat jaillit sur mes mains
Il se diffuse progressivement sur le corps
Et je me souviens se meurt la peur qui se tord

Comme des amoureux

Mon bel ami ,approche oublie le bruit bestial
Je t'emmène loin des rues de Lutèce
La pluie sera juste une carte postale
Reste près de moi et chasse le stresse

Loin des vautours mon cœur désir aimer
Le poète chuchote à sa belle âme
Un endroit sorti de nulle part à te contempler
Toute ta beauté m'attire c'est mon drame

Des tendresses partagées sans rien en retour
Vole ,vole mon doux précieux rejoint le pas
Dans tes bras je me raconte ce bel amour
Sans bruit comme des amoureux on s'échappa

Au charme désuet

Dans mon silence j'ai tant désiré
L'espoir dans ce jardin au charme désuet
J'avoue mon cœur aussitôt a chaviré
Le sentiment criant sort du secret

L'amour fuira l'ombre dès demain
Oublions l'amertume et l'incompréhensible
Ensemble repoussons le terrible bruit humain
L'apaisement sera dans l'âme sensible

Mon cœur s'abandonnera dans tes bras
Mes lèvres silencieuses susciteront le désir
Mon âme amoureuse suivra tes pas
Le regard, la caresse offerts seront plaisir

La douleur

L'apprentissage de soi commence
Par la douleur dans son insistance
L'esprit s'échappe de la conscience
On en oublie le secret du silence

La foi se tord dans son âme oubliée
Les mots enragés se bousculent en liberté
La peur engage le cri désespérée
Dans l'ivresse de la souffrance incarnée

Cette douleur qui nous tient
De la naissance à la mort un fort lien
Du rire aux larmes sans renier le bien
Un peu d'amour et la douceur revient

Les oiseaux envolés

La foret sensible se tord
Les oiseaux envolés dessinent le chemin
Ton cœur circule dans tout mon corps
Je murmure, je crie ton nom en refrain

Dans ma course, le spleen s'écrit
Le souffle coupé, le venin s'active
L'amour brûle encore, je suis épris
Aimez-moi plus fort âme intuitive

Tu as pris ma main, et serré très fort
L'instant fragile mais cœurs poétiques
A nos pieds respirent la vie et son or
T'aimer, toujours mon amour angélique

Loin des loges

Notre vie, elle se déroule
Dans le temps des horloges
Le cœur brule et s'écroule
Loin de l'autre, loin des loges

Nos âmes se cherchent un espoir
Des sacrifices s'offrent sans honte
Ces absences évoquent le désespoir
Longtemps nous avons cru à notre conte

Une minute de voyage dans ton monde
Même sous une pluie de larmes toutefois
Le parapluie danse sa ronde
Main dans la main juste une fois

Ma précieuse

Dans la lumière divine tout mon être vibra
Ta silhouette enchante les sources silencieuses
Chaque jour un doux foyer dans tes bras
Mon cœur brûle d'amour devant ma précieuse

Ton regard si beau m'émerveille
Même la poussière revit sous tes pas
La musique angélique en toi me réveille
Le monde me sourit à tes cotés sans tracas

Est- ce cela l'amour, l'insouciance ?
Pourvu que cela dure même dans les faiblesses
Nous gravirons sommets et tempêtes en confiance
Ne me lâche pas la main ma belle déesse

Une rage osée

Mon cœur bat lentement contre toi
Mon imagination se heurte à mes émotions
Mon âme veut te retenir contre toutes lois
Celle de te voir partir suivre tes ambitions

Mon être désir ta présence mon unique plaisir
Retiens mes larmes ! Offre-moi des baisers
Je meurs ! je meurs ! Je suis suspendu au délire
Mon monde respire la douleur même une rage osée

Puis, plus de vie sans tes chuchotements
Le brouillard épais me visitera chaque nuits
La mélancolie dansera en me déchirant lentement
Je désire qu'on me rende l'amour qui fuit

Passagère de l'amour

Je me souviens de son apparition à l'aube
Sur ses pas j'observais son air mélancolique
Dans mon silence intérieur, son souffle m'enrobe
Je m'incline devant la muse aux odes bucoliques

Sur ma joue un doux baiser posé en caresse
Une heureuse visite de ma belle fleur humaine
Dans mes bras ma lumière enchanteresse
Passagère de l'amour au teint de porcelaine

Belle et douce compagne de mon âme
Je m'écriais comme un enfant heureux
Mon amie, mon amour, ma dame !
Mon cœur ressuscite sous le charme d'un chant joyeux

Vue sur l'éternité

Dans mon paradis artificiel
Le parfum subtil de lettres confidentielles
L'amour, la joie des choses bien mystiques
Une écriture sentimentale aux mots magiques

Un environnement ou le tumulte n'existe pas
Des vers à des amants sans mea-culpa
Totalement secrètes, lignes après lignes
Jusqu'au boudoir inaccessible je souligne

Dans mon jardin vu sur l'éternité
Un grain de folie à la hauteur de la féminité
j'ouvre mon cœur pour vivre une vie rêvée
Aux mille aventures épiques au jour levé

Fous rêves

Fous rêves ! Que de bien être!
Une vie folle en ces nuits sans le paraître
Que la passion renaisse à l'aube du jour !
Les vents nous emportent loin des vautours

Mon cœur voyage au rythme de tes paroles
Douceur et miel dans mon paradis sans auréole
Cette rêverie sans boussole ni temps
L'horloge meurt et reste un amour épanouissant

Je suis l'admiratrice et toi l'amoureux
Que la plume ne cesse d'écrire à toi le fougueux
T'aimer est si facile mon bel homme
Aimez-moi plus fort et au jour je serais ta dame

L'appel du cœur

La tristesse habite une âme
Dès l'aube l'angoisse se réveille
Sur la route un ange s'exclame
De grâce lève les yeux et accueille

La magie est partout tend les bras
Dans le silence de la paix
L'appel du cœur tu ressentiras
Dans la lumière l'amour est le secret

Les vieilles histoires s'enterrent
Et ainsi la poussière s'envole
Le nuage clair, dans le ciel, erre
Voyage dans l'esprit apaisé sans camisole

Mon trésor

L'amour fou est plus fort
Le destin nous attend au port
Je traverse les ponts et sommets
Mon âme retient le mystère, se soumet

Loin des regards sous la lune ronde
Les ailes de l'amour volent dans ton monde
Elles m'emportent visiter le bonheur
Une vie entière avec l'âme en fleur

Au bout du chemin la grâce me sourit
Mon trésor, mon amour, en toi je vis
Te revoir un jour, en décembre, maintenant
Un voyage dans tes bras en t'appartenant

Aucune feinte

Je ne vois aucune feinte en l'amour
Les convulsions en témoignent
Corps en transe se plaisent sous le velours
Dans ma mémoire de folles passions tonnent

je t'ai connu trop tôt ou trop tard
Mais les étoiles s'en souviennent
Une histoire vécue sans hasard
Sous les lumières des routes de Vienne

Un amour en hiver prit la fuite
Trop court comme les nuits de la saison
Et soudain un sourire s'éclaircit vite
Comme au premier jour je te vois à l'horizon

L'aquarelle de Décembre

Les sentiments en vagues
Une déferlante pensée divague
La neige tombe dans ma bulle
Mon cœur amoureux brule

Secrètement les souhaits
S'organisent lentement, j'affabulais
Puis demain sur le manteau blanc
Je me réveillerai sourire sur un banc

L'hiver accueille ses premiers flocons
Le ciel couleur de la saison
Et soudain un cadeau magnifique
Une rencontre des plus magique

La réalité dépasse mes songes
Le rendez-vous se prolonge
Mon arbre à vœux s'illumine comme l'ambre
Comme l'aquarelle lumineuse de décembre

Une dernière

En décembre dans le boudoir
Elle n'écrit plus d'histoire
Triste, entre ses mains la lune

J'ai blessé l'amour unique
Il n'y a plus de poésie magique
Elle reste une femme divine

Dans mes bras son spectre
Parfois les vers de l'être
Chuchotent encore comme hier
La rêveuse se raconte une dernière

Dans le froid

Suavement les pas avancent
Musique d'hiver sous la sapience
Elle vibre dans le silence
La conscience s'embellit en puissance

Le rite spirituel accompagne
La mystérieuse dans la blanche campagne
Le manteau d'impureté s'éloigne
Ne tache pas, disparait sans peine

Un passé se relit, un présent se vit
Et le futur se dessine dans l'esprit
Dans le froid de Décembre, suffit
Juste d'une flamme dans le cœur
C'est ainsi

Les excuses

L'instant de querelles est inutile
S'épancher sur les mots qui accusent
Le vent d'automne a balayé les excuses
Les pensées troublantes chargent le fusil

Les mots fragiles se déposent à l'encre noire
Laissons les regrets sous silence osé
Phrases courtes ou subtiles comme un baiser
Pour un adieu sur une page sans histoires

Oublions les épithalames purement poétiques
Les sanglots étouffés par une rage ou remords
La danse des blasphèmes se libère d'un corps
La plume pourrait souffler une lettre diabolique

Une mélodie

Emporté par le doux zéphyr
Grace aux ailes de l'amour
Je suis envouté par ton sourire
Une mélodie s'écrit par ton troubadour

En attendant la douceur dans ta ronde
Un bonheur fou tu m'inspires
Je rêve sur le courant de tes ondes
La tristesse enfouie je l'expire

Un livre s'ouvre sur notre vie
Je me souviens des baisers de demain
Ils s'écrivent au rythme de ta symphonie
Un accord parfait est signé de ta main

Loin des mirages

Dans mes journées
Longues sans buées
Je joue nos caresses
En souvenir des promesses

Et au virage
Loin du mirage
Le ciel me sourit
Une joie dans ma vie

Je me souviens
De nos liens
Scellés cœur contre cœur
Ainsi que le violon et ses chœurs

Le coucher du soleil

Le coucher du soleil se retire du ciel
Comme un diamant dans toute sa beauté
Une palette de couleurs explose sa merveille
Les nuages apparaissent lumineux à coté

Le lac diamanté aux reflets flamboyants luit
L' astre brillant attire sa royale lune
La végétation s'habille pour la douce nuit
Des nuances d'or bercent la commune

Une dernière caresse de rayons à travers les cieux
La boule de feu épouse le ciel et la terre
Un au-revoir étincelant et majestueux
Il annonce les rêves au-delà des frontières

Le rideau de pluie

Le rideau de pluie
Se lève sans bruit
Je reste là à t'attendre
Comme avant tu finis par descendre

Et dans tes yeux l'amour resplendit
Je te suis dans tes sens interdits
Dans les coins enfouis de ma mémoire
Mon cœur ressuscite dans ma victoire

Celle de te voir sous ta douce mélodie
Le ciel gris se couvre de ta mélancolie
Et soudain de nulle part le bonheur
Affiche les couleurs de la bonne humeur

Rien du tout

Mon intention est un délire
Elle ne peut être à deux endroits
Faut-il lui accorder un sourire ?
L'écouter dans le présent comme un roi

La discipline toute une mesure
Apprivoiser son être intérieur
Tout est question de censure
Comme un rien du tout en extérieur

La pensée est si complexe
Le rien est rien mais
Le tout est un tout perplexe
Je me débranche un peu sur le sommet

Le néant reste un immense univers
Quelle puissance cette petite voix
Je perds mon temps à l'aube de l'hiver
Mais quel régal cet ennui sur un toit

Dessinez-moi un arc-en-ciel

Merveilleuse dame chère prêtresse
Pardonnez pardonner ma maladresse
Je désir dans votre bulle sans adresse
Un moment paisible rempli de tendresse

Épargne-moi les larmes au prochain stress
Mon visage devant vous est déjà tristesse
Inventez-moi un jardin ou je serai comtesse
Ou les soupirants chuchoteront en liesse

Douce liseuse d'aventure oubliez la sagesse
Dessinez -moi un arc-en-ciel sous vos prouesses
Ne soyez pas si triste tirez la promesse
Lisez la carte du mensonge juste par politesse

Le cœur aimant

D'un endroit à un autre,
Mon âme traverse la vie
Avec le cœur aimant entre,
La passion, les joies, les lubies

L'amour aussi léger qu'une plume
Nous vient et il disparait
Au large noyé dans son écume
Balayé dans son encre discret

La fraicheur de la brise
Fige certaines rimes et toujours
Une foule de mots sous l'emprise
De l'encre des amours

Les mots effacés

Les sentiments fouettés par les maux
Un poème flotte sur le fleuve
Les mots s'effacent par l'eau
Lentement les cœurs s'émeuvent

Elle est captive mais peu farouche
Elle a connu l'amour et son exubérance
Les baisers doux posés sur sa bouche
Sans contrainte attend l'espérance

Elle vogue et s'empare des flots
Les vers renaissent sous le chant
Les déclarations, Les amours des sots
La mélancolie emportée par l'assaut des vents

Sous le sublime

Juste un peu d'intimité
Un sentiment sans vanité
Où l'amoureuse fièvre
Montante se mit à l'œuvre

Le jasmin et les lys, un jardin
Embaume la déesse sous mes mains
Charmé sous le sublime, je succombe
Amour brulant sous le regard des colombes

Le corps se plie de désir
Des lèvres mielleuses un plaisir
Et sans supplice avec dévotion
La passion folle s'enracine sans modération

La danse de l'automne

Les ondes, le vent et l'air
Autour de vous flotte la douceur
La danse de l'automne légendaire
Votre beauté charme les oiseaux enchanteurs

La farandole du bonheur
Un langage sublime chuchote
Belle gracieuse et angélique fleur
un accord parfait pianote

Je me damnerai pour un baiser
Mon cœur a fui joyeusement
Loin de la timidité afin de courtiser
Il se dépose à vos pieds courageusement

La Fantaisie d'un vieillard

La fantaisie d'un vieillard à l'aube d'un renouveau
S'enquérir du merveilleux et s'enrichir du joyau
Je suis dans un espace ,pleinement je savoure
Un précieux temps dans sa ronde, un grand parcours

Chaque évasion est gardée dans mon cœur
Le vieux n'oubliera ni le plaisir ni la rancœur
Tel le souffle coupé d'un baiser au gout de limon
Sur le rivage désert seuls témoins ses beaux monts

Mon esprit visite l'âge avec saveur exquise
Ou la lumière se dévoile et colore l'esquisse
Et l'obscurité enveloppe en douceur la vie
Un trésor devant mes yeux me convie

Devant une perfection ,la splendeur de la nature
Observer pleinement la beauté, pourvu qu'elle dure
Et mon esprit la cueille pour l'éternité
elle me rassurera durant mon sommeil en sérénité

Juste avant le trépas je penserai à la merveille
Mon corps sera enseveli dans le noir loin du ciel
Mes mains vieillies par le labeur d'une vie
Le velours délicat d'une fleur, elles apprécient

Quand le jour sera sans le soleil chaud

Et que la nuit sera sans la lune en tableau
Une fleur renaitra et plus belle dans le temps
plus jamais je ne dirai c'était mieux avant

Mon âme rejoindra les mystères d'un autre monde
Mes yeux apprécieront lentement la ronde
La beauté terrestre ici et maintenant sera !
Sait on jamais ou mon corps céleste mènera !

La cage maudite

L'enfer de la cage maudite
Où une liberté est interdite
L'envie d'aimer pour être femme
Un cœur brulant sous la flamme

Du désir, des baisers, être ébloui
La fougue sans qu'elle fuie
Viens, viens libérer mon esprit
Je veux vivre sans entendre mon cri

Juste voler dans l'air du bonheur
Un papillon libre, butiner de fleur en fleur
Des ailes bleus pour atteindre le ciel
Juste m'épanouir à l'amour au goût de miel

Les petites phrases assassines

Les petites phrases assassines
Au bout des lèvres piquées d'épines
Nourrissent mes pensées amères
Un poison coule et pourtant éphémère

Dans l'angoisse de mon incertitude
Mon âme plonge dans la solitude
Où la plume d'un poète adoucit
Tous les chagrins avec des notes en Si

Alors la musique se balade en douceur
Le sourire caché renait comme une fleur
Des pages de bonheur dans mon boudoir
Un lieu magique dans l'esprit sans diffamatoires

A travers le temps

A travers le temps et les détours
La rivière coule avec notre amour
Les étoiles brillent dans tes yeux
Au long de la promenade des aveux

Nos baisers d'hier et d'aujourd'hui
Parfument la rêverie de chaque nuit
La douceur de tes charmes m'enrobe
Me transporte jusqu'au bout de l'aube

Tes mots chantent de douces merveilles
Au rythme de la ronde du soleil
Devant nous même les feuilles d'automne
Dansent leur évasion atone

Au bout du fil

Le son des pleurs un soir de novembre
jaillit au bout du fil dans la pénombre
Un cœur en panique me raconte sa vie
Une âme en peine me sort du lit

Aurai-je l'idée de l'interrompre ?
Oreille attentive et curieux sous la rampe
Une inconnue verse sa solitude toute une bombe
Un malheureux creusera bientôt sa tombe

Gêné par cette erreur et sa méprise
La crise diminue sa voix m'électrise
Dans la tempête avec élégance je valorise
Une femme devenue célibataire je suis sous l'emprise

Les embruns

Dans tes yeux noir ébène
Un champ de mines se dessine
Ouvre moi la porte de ton cœur
j'y planterai des jolies fleurs

Une porte en voile je pousserai
Une rose cueillie dans la roseraie
De ses pétales douces caresses
Au fil de tes courbes sans cesses

Nos âmes se réjouiront des parfums
Corps contre corps sous les embruns
De la chaude pluie de nos ardeurs
Sur le sol d'un paradis de bonheur

Le phare

Mon phare œil du grand mirage
il emporte mon esprit en voyage
Ma vie s'agite comme les vagues
Dans les tourments un corps sous la dague

Dans le silence moi le pécheur d'âmes
Au milieu de nulle part sans ma dame
Dans la triste colonne je supplie les ondes
J'inviterai le mystère à ma table ronde

Le gardien des profondeurs trempé dans l'abime
Amoureux dans ma déchirure à la triste mine
Sous le tourbillon de ma fureur sans contrôle
Viens prend mon âme emporte- moi sous la houle!

Enchaine-moi sous sa blanche dentelle
Nous rayonnerons sous ma citadelle
Entends-tu Les murmures des flots ?
Du fond du grand bleu je vis la sirène des eaux .

Les murmures

Une rose près de moi est dédicacée
Elle sera ton baiser éternel en pensée
De velours caressant mon corps des heures
Comme une rivière de pétales en douceur

Elles glissent me parfument pour mon audience
Le téléphone sonne tu me gardes en patience
Dans ma journée des pensées pour toi
Et toute une éternité d'amour avec moi

Le soir sous le charme de mes envies
Le cœur battant sous l'ivresse des folies
Le mystère se dévoile sous les soupirs
Les murmures sous les mures un pur élixir

Un mot pour vivre

J'écris au bord de la source
Celle que mon âme respire
Un mot pour vivre sans la course
Je vous aime d'un langage sous la lyre

Même le vent d 'automne le suit
Une parole ou le fruit se goute
Juste assez pour les caresses la nuit
Des baisers doux comme le miel sous la voute

La splendeur se lira sur mon visage
Assez pour un verbe intense comme aimer
Mon corps frémit devant la créature sage
Une joie éternelle de vous plaire et vous adorer

Incognito

La tristesse me charme à travers de vieilles photos
Une aventure sous le chevalet en incognito
En secret la plume esquisse un sourire
Et de son encre bleu profond chavire

Quelques fois les fabuleuses histoires
S'enfuient et laissent un passé dans l'armoire
Des moments défilent c'est l'empreinte d'une vie
Les tristesses, joies et la volupté endormies

Le déchirement d'un départ sous un timbre
Le son de la lyre s'éclipse dans l'ombre
Un amour se prolonge dans l'amnésie
Une moitié dans sa fragilité résiste à l'oubli

L'amour fou

Ma passion jusqu'au fond de mes entrailles
Charmera l'amour fou lors de nos retrouvailles
Un peu rehaussé d'arrogance pour être plus intense
Entre pétales de soie et nectar mon cœur balance

Une romance dans tes bras mon âme est en fièvre
Accoudé au bord de la vitre mes lèvres mièvres
Osent le prélude sous le corsage s'ouvre un paradis
J'entre par la porte du voile blanc comme jadis

Quand je regarde tes yeux mon étoile brille
Irrésistible devant toi un pied s'agenouille
Sur ta cheville des baisers animent ma muse
Le poète averti dans sa scène s'amuse

Tant d'impatience

Des jeux interdits par centaine
Des lettres aussi douces que lointaines
Je brule devant tant d'impatience
Mon cœur se consume en silence

La magie vole en douceur dans l'air
Le papier parfumé me réveille au matin clair
Je fredonne au bout de mes lèvres
Tes mots un bijou d'émotions de l'orfèvre

Dans le bleu de l'immense ciel
Un amour discret remplit de miel
Continuera a émerveiller les colombes
Vole mon oiseau le messager dans l'ombre

La vieille ville

Dans le cœur de la vieille ville
C'est tout Lyon qui déambule
Les âmes vous sourient c'est naturel
Les pressés s'étouffent dans la ficelle

Les pavés piétinés les clous brillent sous la pluie
Talons aiguilles dansent le tango la nuit
Les amants se révèlent sur un tango
Sous les colonnes du vieil opéra face au métro

Sous les lumières de l'ancien Lugdunum
Une cité en fête le Rhône s'habille en automne
Les visiteurs sous l'œil de la grande Dame
Au sommet de sa colline chantent le repos sous le dôme

Une rose délicate

D'une divine lumière je demeure éternelle
Par ma beauté exquise elle te rend belle
Fraichement coupée une vertu s'est évanouie
Mon cou s'y penchant souffre du tournis

La belle rose que tu respires
A perdu la vie pour ton sourire
Et toujours en cadeau dans la demeure
Ainsi pour ton plaisir je meure

Rose délicate, raffinée et sensuelle essence
Enivre le cœur de toute ma quintessence
Je suis la fleur passionnée offrant l'apothéose
Pour l'amour une fleur est morte c'était la rose

La lumière du jour

Dans la lumière du jour
J'observe une beauté égale à une fleur
Un instant elle se glisse dans mon cœur
Une lueur aussi pure que l'amour

Dans ma mémoire rien ne s'oublie
Tu as courbé la tête telle une rose
Celle d'un poète te caressant tel une prose
Mon âme te respire toi mon cœur ennobli

Dans la douceur cils contre cils un matin
Mon sourire se dessine dans sa tendresse
Un baiser sera offert avec délicatesse
Un amour grandira sur le fil du destin

Écoute le silence

Une part de moi écoute le silence
Une voix s'immisce dans le concert
c'est comme un rêve dans le désert
Ou les dunes ondulent en transparence

Le temps se fige le pendule s'ennuie
Le plaisir se fond à travers le grain
Où le sable emporte tous chagrins
L'ivresse de la solitude s'invite sans bruit

Dans les yeux le mal de l'existence
Le miroir de l' âme ne ment jamais
Cette calamité du quotidien disparait
Au fond du drap dorée sera sa sentence

Le silence sublimé sans un mot
Sous le règne de l'apaisement
La plus belle douleur silencieusement
A offert son bel abri sans fardeau

Le vinyle

Dans le délire ma mémoire s'efface
Mon corps sorti d'une chimère se soulève
Mes lèvres encore chaudes couleurs mièvre
Et un enchantement de notes devant ma face

Le vinyle joue encore sa musique
Mon âme plonge dans le silence
Mon esprit se délecte de l'élégance
Le cœur s'enflamme devant l'hôte angélique

Les mots sulfureux se bousculent encore
La vie offre ses nuances en couleurs
Dans ma nuit mon bonheur côtoie mon malheur
Et dans mon rêve j'ai dansé avec le bonheur

L'interdit se noie dans le sommeil agité
A cet instant la musique devient monotone
Comme les feuilles jaunes d'automne
Et se dispersent dans le néant de l'immensité

En terre inconnue

Je suis ce soir en terre inconnue
Ou j'oublie la bêtise et le martyre
L'esprit se nourrit de délices sous la myrrhe
La lecture d'un monde ouvert en continu

Au fur et à mesure le rêve prend place
Mes pensées volent au-dessus des libellules
Les mots passionnants pénètrent mes cellules
Le point et la virgule somnambules s'enlacent

L'encre dans sa belle robe couleur noire
A glissé sous mes larmes cristallines
Mais la curiosité court après chaque ligne
Mon âme entre parenthèse déambule dans l'histoire

La page vieillie ,l'auteur dans sa bulle
Nullement pressé captive et hypnotise
Le lecteur s'abreuve de phrases sous l'emprise
Les mots fleurissent et éclatent sans calcul

Dans la poésie les romances d'autrefois
bercent gaiement les sentiments de velours
Sous les ciels bleus ils chantent le doux amour
Et la vie cruelle criant l'aumône devant les rois

Malgré tout

Un matin gris de Novembre
L'histoire d'amour se brise
Mon cœur se déchire sous la bise
Un poison se diffuse dans l'ombre

Une femme amoureuse perd tout espoir
Parles-moi d'elle avant ton départ
Elle sera mes matins sans le dard
Tu m'aimes encore sans t'en apercevoir

L'amour existe encore sous ce clocher
Un regret ou peut-être une erreur
Et pourtant malgré tout sous la peur
Tu as payé le prix de l'obscur péché

Un soir d'automne des pensées amères
Sous un rayon de lune mon corps se fige
Le vent a essuyé nos vils pleurs sous les tiges
Les feuilles mortes ont touché terre

La nature s'endort sous les restes d'un gazon
Le chant des oiseaux s'en va ailleurs
Et mon désespoir se meure dans sa douleur
Avec elle tu danses dans d'autres horizons

Je n'ai besoin d'amoureux

Je me livre sans ma plume
Un jour un cœur te sourira
Petit à petit le trésor tu trouveras
Les remords et les peines j'assume

Je suis une âme solitaire
Je n'ai besoin d'amoureux
L'amour croise mes jours heureux
Et il vole aussitôt dans les airs

S'il vous plait restez polie
Le sentiment s'écoute avec délicatesse
Le plaisir je chéris sans cesse
A tout moment et pour une vie

Danse ,chante et cultive la rose
Et puis quand tu seras morose
La douceur du velours te saisira

Oublie les frontières une minute
Abandonne le passé et ses chutes
Sans retenue la tristesse s'en ira

En noir et blanc

Comme une merveilleuse chanson
Dans sa belle musique la note vole
Toujours composer tout un symbole
La vie est douce à toutes saisons

La tête basse ou haute sacrée partition
Dans la mienne j'ose rêver à être aimer
Une vie à chuchoter sans me désarmer
Ta lady pour un soir sans objection

Les chuchotements doux comme un baiser
Éternellement dans tes bras pour m'apaiser
Tes mots résonnent encore au-delà du songe

Un jour l'amour sera notre aventure
On se souvient d'un bonheur pur
Un rêve en noir et blanc sans mensonges

Les merveilles du monde

Les merveilles du monde se prêtent pour un jour
Juste un peu de rêve pour égayer l'amour
Mon cœur tant fragile a vu tant de choses
Les belles images s'inventent une prose

Je récolte seulement les moments joyeux
Je chavire au gré du prisme des lieux
Un monde sous l'arc-en-ciel de paix
Je le bâtis pour mon esprit inquiet

Plus jamais une once d'amertume
Dans ma fugue tout se résume
Même si au fond tout est illusoire
Un cœur doux vit de belles histoires

Au bord du précipice

Dans mon plus grand bonheur
Avec toi je danserai un tango
Ton corps suivrait mon tempo
Au rythme de mes poèmes à mes heures

Si tu offres ta rose à un audacieux
Voici en gage un millier de baisers francs
La musique s'écrirait sur un banc
Et de ma flûte volera un son vertigineux

Dans ma composition la rose est sans caprice
Sinon j'irai jusqu'aux abimes pour un supplice
Je pianoterai une merveilleuse musique

De chair je me nourrirai de ton nectar
Délice au bord du précipice je le déclare
Le captif se pose sur sa douce angélique

Le parfum d'un sourire

ho! mon cœur si longtemps solitaire
Cette étrange sensation s'enterre avec ma stupidité
De troubles émois effleurent ma sensibilité
Le parfum d'un sourire souffle dans mon sanctuaire

Non pas que je me complais dans mon malheur
Maintenant mon corps est en fête
Votre charme me rend fou pour être honnête
Jour après jour je deviens un idiot du bonheur

Vous avez bouleversé mon cœur avec audace
De doux moments j'accueille avec grâce
Dans mon leurre je vous aime à toutes heures

Vous inspirez le bonheur à ma plume
Vos chuchotements glissent comme l'écume
Au creux de mon oreille comme une vague de fleurs

Amour toujours et encore

Amour toujours et encore!
Mon cœur s'enflamme et sourit la nuit
Des lueurs brillantes dès l'aurore
Juste un peu d'espoir sans bruit

Pour toi un feu ardent j'attise
Mon âme souffle le cri de joie
La cendre ne volera point juste les bises
Toujours et encore j'ai envie de toi

Des baisers en douceur sur ton front
Des papillons au ventre un peu comme
Au premier jour, cet instant à l'unisson
Deux amants fougueux en somme

L'amour en toute liberté
Viens vers moi me tenir la main
La merveilleuse âme et ma fierté
Ton sourire rayonne ma vie ainsi que demain

Deux oiseaux

un soir de lune claire
Le monde dort avec ou sans somnifère
Deux oiseaux en éveil dans les airs
Des que je t'aperçois je tremble
Je t'aime au sein de ma chaumière
nous vivrons ensemble

Ouvre - moi la porte de la nudité
Lentement chavirons de l'autre côté
Dans l'ombre la bougie éclaire l'immortalité
Quelle merveille! je succombe devant l'admirable
Mon bel ange un instant exquis sans ambiguïté
Nous vivrons ensemble

Le ciel te couvrira de ses étoiles
A tes charmes ma belle et glissons sous la voile
Cette nuit restera gravé comme une toile
Ma belle clandestine restons juste humble
Dans ton regard l'amour se dévoile
nous vivrons ensemble

De l'encre noire

Les lignes se remplissent de maux bleus
Hélas! cette lettre sera un exutoire
Mon corps ressent les mots douloureux
Cette nuit éclaire les pensées noires

Seul devant une promesse qui s'égare
Je tourne en rond sans témoin
Comme l'horloge de cette maudite gare
Et saisit ton temps en t'emportant loin

Ma vie est un vide et morne
Ta présence me manque si fort
Comme les arbres dénudés d'automne
Peu importe mon cœur se tord

De l'encre noire coule une tristesse
Ton parfum flâne et je poursuis ton âme
Une petite flamme brule et hurle une détresse
Seul un esprit moqueur ramènera ma dame

Sous l'innocence

Son corps et son secret envahissent mon esprit ,
Sous l'innocence endormie une âme encore fragile
Mon corps frissonnant hume son parfum si subtil
Quel beau mystère devant mes yeux et tant épris

Ho! si tu savais ta splendeur éveille fourmillement
Le mot pitié m'inspire à cet instant genoux à terre
La seule chose bénigne face à toi est de me taire
Je me nourris de la silhouette et son frétillement

Ciel! prend garde j'ai envie de ce corps sous ce collier
Un baiser par millier est rêvé sur ce cou perlé
Je ne cache pas mes pulsions juste une vérité

Un instant de bonheur côtoyant l'enfer
Un mal ou un bien mais bien meilleurs qu'un somnifère
Un plaisir sans scrupule dans cette lutte sans lui plaire

La rivière chante

La rivière chante et berce la forêt
La verdure frissonne sous les parfums d'automne
Le brouillard m'enveloppe et je chantonne
Ainsi je m'enivre de la roseraie

Mon bel automne couvre moi de beaux papillons
Avant la blancheur et la tristesse de l'hiver
Offre-moi encore des fleurs avant qu'elles ne meurent
Une chanson où volent les notes comme des ballons

Je n'oublierai jamais à ce jour ce beau regard
Un bel inconnu sur un banc grattant la guitare
Des paroles douces vous invitent à tomber amoureux

Et les feuilles dorées tournent dans les airs
Sous le ciel devenu légèrement clair
Comme une danse juste pour mon cœur heureux

Une sensation de plaisir

Ho! ma belle source enchanteresse
Ne pose aucune question douloureuse
Je recherche le sourire je confesse
Tendre et jovial comme une amoureuse

Au loin que je me souvienne
La tristesse ne te charme guère
Ta pureté rendra heureuse la parisienne
A travers ta puissance et eau légère

Mon cœur ne cesse de se lamenter c'est ainsi
Ne vois-tu pas ma douleur !
Ho! la lumière divine te rayonnera aussi
Vient cette heure ou vivra la douceur

Une âme pale devant un reflet tendu
Retrouve simplement une joie de vivre
Une sensation de plaisir tant perdue
Juste s'abandonner avant que je m'enivre

L'étendue de déchets

Une étincelle de bonheur devient une incertitude
Dans ta bouche un gout amer
L'étendue de déchets se perd en mer
A genoux j'implorerai l'étrange attitude

La couleur d'or respire la famine un effroi
La foi et les croyances sont en perdition
Les religions se moquent des lois en répétition
Une étincelle de bonheur au bout des doigts

Des larmes sèches tombent sur le ruisseau
Même l'oiseau recherche refuge sous l'arbrisseau
Ho dieu ! la mer nourricière s'enfuit des rivages

Aujourd'hui le béton brule mais arbre vit
Un mirage ou une fumisterie c'est ainsi
Rien qu'une fois je veux admirer l'ancien paysage

Comme un môme

Un soir de pluie et le cœur serré
J'ai fui notre aventure à couteaux tirés
Comme un môme j'ai déchanté sur un air de blues
Ma main tremblante tente de se poser sur ta blouse

Le vent a soufflé notre chimérique histoire
Ma mémoire panique avec un soupçon de choses illusoires
J'ai oublié la cicatrice de cette souffrance
Mais ce cri de peine s'inflige comme une pénitence

De notre amour naissent de stupides chaines
Cette étrange mémoire ne retient que ma haine
Dans la profondeur seul ton visage restera indélébile

Même les murs transpirent le souvenir de mots déclarés
Le son de ta voix s'endort avec mes émotions égarées
Le silence amer s'empare du vieux volubile

Les heures

Dans mon monde l'amour vit sans le temps
Les heures joueront leurs infatigables rondes
Dans ma bulles elles durent des secondes
Éternel recommencement sur chaque merveilleux instants

Mon cœur ne reconnait le temps il renie son existence
Mon amour dansera avec moi le jour et la nuit
Le soleil illuminera ta gaité sous le buis
En écoutant mes mots doux la lune apaisera les silences

Je t'offre mon âme parcourant les lois de l'amour
Un sentiment unique guidé par ma voix de velours
Ou le cœur criera la joie, la tendresse et fidélité

Un jour, tu chanteras la liberté d'un songe
Et tu défieras le temps et ses aiguilles qui rongent
Ouvre ton esprit et goute à l'immense amour et sa spiritualité

La femme en rouge

L'irréel prend place comme un mirage
Au fond d'une ruelle sous l'orage
La femme en rouge organise son aventure épique
Un cœur triste abandonné s'y pique

Le mensonge est ficelé d'une main de maitre
Méfiez-vous le rouge diable est traite
Sensualité et manipulation vont de pair
Le silence rôde comme un serpent cobra vert

Un baiser, puis deux et l'ivresse s'empare
Un corps oscillant sous les caresses d'une couguar
Des baisers profonds, Un jeu de séduction

Doucement et lentement deux corps s'enflamment
Seul un fou aime autant sans se soucier évidemment
Tristesse et désolation seront son histoire selon sa confession

Sur mon chemin

Dans mes nuits noires tu éblouies mes rêves
Chaque matins je respire ton odeur délicieuse
Un millier de baisers tu recevras ma précieuse
Un irrésistible visage me hante dès que je me lève

Rien qu'une danse avec toi encore une fois
Je ressens ton profond regard envahir mon espace
Paumes contre paumes tes tristesses s'effacent
Mon âme parcourt en silence ton corps sans lois

Mon cœur s'emballe et je tombe amoureux
Accorde-moi un dernier instant heureux
Mes angoisses ne seront que des histoires passées

Sur mon chemin une âme saisit mon fragile cœur
Tout doucement la belle me sourit adieu les rancœurs
Prend ma vie entière et laisse -moi oser et rêvasser

Un moment d'octobre

Chaque jour est un grand et merveilleux jour
Un moment d'Octobre heureux où règne l'amour
Seul avec toi la tristesse s'envole sans rien dire
Je réalise que le bonheur est un doux sourire

Un soir la fièvre monte d'un cran
Et l'effet papillon s'oublie devant l'écran
la vie est si belle regarde autour de toi
Les mots doux volent et se déposent sur moi

Quelques fois la douleur est de passage
Et la vie dans son jeu se déroule sans les sages
Souviens-toi des jours heureux ils seront glorieux
Juste un moment exquis dans la mémoire d'un heureux

Pianoter ma vie

Écrire mon silence en musique
Dans ma vie un soupçon de colère habite
A travers le sort enchanté tu me réhabilites
Pianoter ma vie sur des notes magiques

Interprète sous tes doigts ma vie en couleur
Que cette ballade m'emmène jusqu'au bout de l'amour
Ou chaque vers me transportent sous la caresse de velours
Que les oiseaux chantent un peu de moi sous leurs grandeurs

Accroche-toi à mon âme car je suis tant éprise
Ta poésie m'envoute jusqu'au bout de mes lèvres soumises
Tu seras mon irrésistible créature

Aucun regret vis à vis de mes pulsions créatives
Elles s'expriment devant toi sous toutes formes affectives
Viens en débattre avec moi sous ma cambrure

Les âmes guerrières

Quand l'arme brutale devient la nature et ces roseaux
Sa musique se joue sur les ondes en plein réseau
les malins raflent les esprits dans le sommeil
Car l'intelligence se montre sous l'éveil
On dévisage et un secret ne reste jamais bien caché
La rage monte en puissance sous leur plancher
La foi reste néanmoins plus forte que ses bâtards cruels
La mort se réjouira du combat de la belle âme immortelle

Je perds patience et je veux m' enfuir
Mais mon beau monde commence à s'évanouir
Nul endroit reste sain dans cette terre ronde ou plate
Même le ciel devient opaque se déchaine comme un ballon qui éclate
Les mains démoniaques détruisent et maçonnent un seul lieu
Et une population en masse au pays des murs vieux

Juste un coin bleu patiente dans mes rêves
Ou la fleur me parle encore de douceurs sans glaives

Le bruit de la guerre s'entend en silence
L'arme subtil triomphante frappe sans conscience
Elle sort de la terre comme une fleur en feu

La terreur descend comme une étoile filante des cieux

Et les cœurs pris dans les harpes des tornades ravageuses

Le tremblement ouvre ces cicatrices profondes
Et les volcans soufflent la haine sur les ondes
Les âmes guerrières perfides et suceurs de sangs
Dans leurs complets noirs à vomir leurs déluges derrière les bancs
Quand je vois les rois salement couronnés
De leurs mains applaudir leur guerrier honoré
La nausée augmente et les rêves s'enterrent
Dans le gouffre chaud de la terre

Une vison d'autrefois

Mon bel ami combien de fois avons-nous rêvé hier?
Je revois encore cette vision d'autrefois tout le temps
Les jours de solitudes loin de nos conforts et sous les prières
Les éclats de rires résonnent encore comme une première
Depuis toujours bien heureux dans tous nos printemps

Comme tous les fous nous laissions parfois nos sens
Légèrement tourner comme un manège sur la rive
Ou juste se laisser vivre dans toutes les dérives
Et nos séjours aventureux pour guérir les peines du cœur
Comme des enfants nous rêvions tous deux en vainqueur
Sous les étoiles nos délires connurent les chimères et leurs convives
Nos espoirs parfois filaient sous les regards moqueurs

Devant l'impatience la rage se fait tempête
Et la vie rappelle à la précipitation d'une retraite
Et sur le pas d'hier le rêve poursuit son aventure d'une traite
Juste un instant mon bel ami un souvenir dans le verger

Des promenades dans les montagnes sous tous les dangers
Aujourd'hui les ardeurs finissent leurs courses sous les ombrages frais
Et pour cadeau un millier de pétales adoucissent mes mœurs sous la roseraie

Le clown rêveur

Approchez encore vous verrez l'intérieur de mon âme
Sous le nez rouge il y a une grande urgence
Un semblant de rire loin des amours en flamme
Je suis un homme au sourire large en transe

je suis un être invisible le jour
La nuit le clown rêveur atteint la lune
Afin qu'elle me sourit et m'offre l'amour
Toutes mes vies s'endorment sous le chapiteau de la commune

Un visage aux dissimulations discrètes cache la mélancolie
La gaité sous mon attention ressuscite les âmes tristes et même les pantins
Sous ma larme invisible je suis un soleil rayonnant et polie
J'amuse la galerie dans ma ronde aimable comme un plaisantin

Sous le déguisement un poète muet qui mime son mystère
Sous le masque je reste parieur sans voix au cirque
De toute les cabrioles c'est ma vie à l'envers
Un clown funambule sur le fil telle une aventure épique

Un soir de septembre

Devant nous un tableau magique bleu azur de toute beauté
Un portrait unique celui d'un ciel épousant la mer
Mes angoisses calmées par l'étendue d'eau caressant nos pieds
Laisse- moi t'aimer et chasser tes souvenirs amers

Toutes les ombres noirs au fond de l'océan disparaitront
Mon cœur amoureux dans sa mémoire te vénère sans cesse
Des mots sucrés se poseront le soir dignes des saints patrons
Pour toi des perles nacrées en cadeaux jolie princesse

Debout ou allongée des vagues de caresses seront offert
Tout comme l'océan mon âme vogue à travers ma déesse si belle
Amour et bonheur tout un épithalame de quoi être fier
Un espoir beaucoup de fleurs dans cet immense rêve avec elle

En ce soir de septembre je jette l'ancre
Pour ses yeux noirs je ne manquerai ce rendez-vous

Une plume tout comme l'océan se rempli de son encre
Et sous la brume un amour poétique se déclare j'avoue

Les cloches

Une mère élève l'amour dans son foyer
Un père dans la demeure de velours sans bruit l'attise
La gaité danse au sein de l'unité sans s'apitoyer
L'unité fraternelle dans l'amitié elle courtise

Une maison dans mon cœur reçoit l'humanité
Dans sa terre en fleur une poignée de fruits se cultivent
Et les cloches sonnent leurs mélodies cérémonieuses habitées
L'amour se répand comme des notes joyeuses sur la rive

Les actions heureuses guérissent les profondes blessures
A nouveaux les cloches sonnent des chants séraphiques
Les pensées d'une comédie de bonheur voyagent à travers les murs
La mémoire en vie raconte en poésie les instants magiques

Les mots dans l'aventure

Une foule de mots résonne sous les veines sans liqueur
Dans cette houle sentimentale tourbillonne la tempête
Les valses d'automnes se dansent seules dans la tête
La plume se hâte d'écrire un conte doux à ton cœur

Ce jour-là devant la tristesse tous les anges des cieux
A tes pieds voilà leurs ailes sous les belles parures
La pointe du bois d'ébène embellit les mots dans l'aventure
Un pouvoir sublime et sans haine à faire pâlir les aïeux

Toutes les larmes sur les pommettes rencontrent sans quiétude
Le voile du brouillard en retraite qui glisse sous l'encre du bonheur
Le sourire en fleur apaise les angoisses pathétiques en ces heures
Sans peur la phrase se mit à chanter sous la musique et nul ne l'élude

Les quatre saisons

Un soir d'automne mes yeux croisent la splendeur
Comme une belle feuille qui danse sous le vent
Un soupçon de magie où le parfum de fleur
Délicat et sensuel se pose sur moi comme un présent

Un regard croisé et nos cœurs s'enlacent
C'est le début d'un voyage du grand amour
Et la chaleur réchauffe peau contre peau sans cesse
Les désirs s'explorent les soirs d'hiver sous le velours

Et voilà que ton sourire chante sous le printemps
Les baisers s'éternisent comme un bouquet de roses
Les lettres d'amour qui résonnent en chant
L'envoûtement perdure sous tes mots en prose

Tu fais tourner mon âme à chaque carnaval d'été
Mon corps se remplit de tes pensées fantastiques
Les jours de l'année sont contaminés en toute honnêteté
Sur des milliers de je t'aime des quatre saisons magiques

The final countdown

In my deep soul
I can feel it now
believe me the spirit of fool
is flying until the final countdown

You can dream and play the game
But don't forget you won't win
My life is a treasure don't blame
Your illusion fly over the sin

Mountains and rivers breathe fire
The way it turns you better might to believe
An army of angels waiting for the liar
Love is power let people live

In my deep soul
I can feel it now
believe me the spirit of fool
is flying until the final countdown

You can take money and powerful
but the earth and love is mine
In my glory night we will be wonderful
In my glory day you will be burn

Un monde sous pilule

Entre ciel et terre une mélodie
Aussi douce que le miel je vous le dis
Une fillette raconte son monde en musique
Celle d'une âme enfant fluette et angélique

Entre guerre et trahison sous les hauts rangs
Belle âme joue-moi un air sous un vol de goélands
Et que tes notes réveillent ce monde sous pilule
J'observe le ciel et ses hôtes en attente d'un rêve
sous les libellules

Vivre ce rêve de douceurs et de merveilles
Ou s'élève ta musique sous la chaleur du soleil
Et la partition se fait douce et complice
Une composition criante d'espoirs tout un délice

La lumière mystérieuse

Un ciel bleu nuit avec toutes ses étoiles
Ou le rêve suit la magie et tisse sa toile
Le voyage en solitude croise dans son silence
Un vent de liberté en altitude dans la somnolence

Un manège de fantaisie dans la douce lune
Le cœur lourd se saisie d'un vol sans rancune
Au-dessus d'un monde à la triste mine
Ou les rois en ronde assassinent

Dans la lumière mystérieuse d'un gouffre ténébreux
Ou danse la folie ambitieuse au destin scabreux
Et le chant des oiseaux résonnent dans le ciel
Dans ma liberté du beau rêve et ses merveilles

Comme des baisers

Dans le silence une rose blanche
Elle m'accorde une assistance franche
Même l'élégance joue sa carte sous ma hanche
Mon âme en jouissance dédicacera l'amour sous la branche

Ne dis jamais que j'oublierais un moment exquis
Toutes les roses s'en souviendraient sous le croquis
De nos jeux d'enfants désormais un coeur est conquis
Dans la roseraie une fleur s'exprime mais rien n'est acquis

Le souffle des mots est douceur comme des baisers
A cet instant ni malheur ni chagrin pourront blesser
Quand je serre le bonheur dans mes bras je suis apaisée
La rose de la terre offre l'espoir d'un amour osé

Notes de velours

Je peux vivre sous les songes
Mais loin des péchés du mensonge
Les ballons remplis de souffle de vie
Une mémoire s'élève comme une rêverie

Le bleu azur éclaire un océan de fleurs
Dans un ciel fleurie de milliers de coeurs
Sous le vent un parfum doux d'amour
Voyage dans un monde aux notes de velours

Les prières de chaque âmes valsent
Sur le chemin d'une ronde en liesse
Un tourbillon de bonheur apaise la foule sur terre
Même la rivière circule comme une artère

D'un immense cœur géant abreuvant
Les âmes perdues dans le néant
Et qui laisse derrière eux
Un feu ardent de tristesse dans son milieu

Les fleurs bleues

Dans le jardin de l'asile sous mes yeux
Se dessine une aquarelle où dorment les maux bleus
Mes iris fleurs bleues aux airs révérencieux
La resplendissante messagère et douceur des dieux

Me conte mes folies en cascade sous l'arc-en-ciel
Son irritable senteur parfume mes nuits démentielles
Le rêve s'agite sous le couronnement des douleurs caractérielles
Et d'un seul coup au-delàs de l'effort revient le sommeil

Le mal rongeur s'évanouit un instant sous la grâce
La fin des douleurs sonne avec le visage décomposé devant la glace
Sous les heures en pleurs la face nettoyée sans trace
Un océan d'émotions immerge des larmes pour se noyer dans le bouquet fugace

Les promesses...

Ma douce ,mon bel ange tu es mienne aujourd'hui
Je suis un éternel heureux autour de ses buis
Fraichement coupés pour s'y perdre sous la passion
De plume en plume agrippés à nos libertés et addictions

Si de cette ballade s'inventent nos rêves et nos espoirs
Les histoires en croisade resteront humbles au-dessus des déboires
Les promesses ne seront jamais tenues mais l'amour
De velours sera inconditionnel même sous les mauvais jours

Les prouesses étonneront sans doute le fragile cœur
Mais l'habitude s'installera sur la route sans oublier les fleurs
Derrière nous le carousselle chante encore notre mélodie
Ton portrait cheveux au vent comme une aquarelle applaudie

Mon cœur tourne autour de ton étoile qui brille en moi
Sur ce chemin aux senteurs parfumées sous ton voile je serais roi

La dame de fer

J'avais écrit une belle histoire
Mais la dame a discuté son écritoire
La belle en fer sous les feux trônait
Et sous l'orage les parapluies tournaient

La pluie l'ornait de ses gouttelettes en diamant
Bien plus belle que jamais à ses pieds tous les amants
Oublions son histoire passée et le déshonneur de Paris
La tour est reine à faire pâlir les monuments même sous le gris

Les compatriotes occultent l'amour de la ville en vogue
Les visiteurs rêveurs aussi venus d'ailleurs où de Prague
L'affreuse tôle tachée d'amertumes de l'ancienne époque
S'obstine et gagne le cœur de la France sans équivoque

Message d'amour

Dans ma mémoire ton sourire brillait dans sa splendeur
La vie continue sans tes rires mes yeux te cherchent en pleurs
Message d'amour en pétales de velours entre mes mains
Je revois notre histoire sans scandales à travers le jardin

Les fleurs mortes à mes pieds sur le chemin d'autrefois
Mon âme s'ennuie de ton absence mon destin sera près de toi
Les larmes d'innocence déchirent mon poème écrit à la plume
Tout simplement dire au monde entier je t'aime

A l'aurore ou à l'aube mon cœur ne respire que pour nous
Je pourrais me créer une nouvelle vie et devenir fou
J'obéis à l'amour demoiselle je serais là comme avant
Je dessinerais mes sentiments en couleur comme dans le temps

Une fleur en vie pour chaque larmes versées
A toi mon amour un jardin aux mille pétales rosées

A ma plume

Au nom de ma plume en bois ou en plastique
Ta magie restera une arme sans loi et mystique
A travers ton corps obéissant à tous mes caprices
Ton encre tachée glissant sur mes veines un vrai délice

Ta pointe rêveuse trace mes soupirs et mon empreinte
Et plonge mon âme amoureuse dans le monde de la complainte
Mes doits légers se hissent à ta phrase même inachevée
Pour monsieur ou madame sans adresse pour un bonheur retrouvé

Ho! belle plume remplie moi bien d'encre j'ai tant à explorer
De l'amour à la haine rien qu'une ligne à franchir sans être accusée

Un désir de nectar bleuté cueillit dans ton royaume
Celui qui ose abusée des mots dans le fond des abîmes
Et de la noirceur remonte un calice de lettres d'or
Gorgée d'amour et de douceurs pour apaiser mon cœur dehors

Ecrire en musique

Ecoutez la note ainsi le plaisir vibre du Sol
Dans la cour une ballerine belle comme une fleur
Laissez l'âme voler à la rencontre des chœurs
La gracieuse danseuse rêvait sous la musique folle

Ecoutez à nouveau le chant du violon sous le Do
Se cache un merveilleux son il pénètre Si
On ouvre grand son merveilleux esprit
Car l'orchestre joue sans les mots

La clé do-Rée se trouve dans nos cœurs tous doux
Ici et Là une étoile est née sous les dômes mysté-
rieux
Captivant le regard de tous les amoureux
Une Fa-randole de mouvements poétiques se Mi-t
sans tabou

A exprimer d'un amour fougueux tout son art
Sous la plus belle plume du Cygne sur la piste
Le do ré mi fa sol la si prit tout son sens sans écart
Ecrire en musique la danse sous le violoniste

Comme une danseuse

Dans mon cœur ,un soir d'éclipse
J'ai ressenti la fin ou l'Apocalypse
Un tourbillon de sentiments en folie
Le temps d'un amour en panique s'affaiblit

Comme une danseuse au bout du souffle
La vie emporte la beauté et s'essouffle
La jeunesse filera sous les merveilleuses rides
Je danse la ronde des souvenirs du vide

Un semblant de manque ou les morceaux de souvenirs
Disparaissent et se perdent sans avenir
C'est l'approche d'un amour en fin de vie
La tendresse s'envole plus rien ne survie

La poussière au vol éclate au vent
Les larmes tombaient en silence sur le vivant
Comme la rosée du matin versée du ciel
Je danse la dernière note de ses images mémorielles

La tempête

Le poète échoué sur le blond sable
Portant à la main une déclaration
A la déesse sortit tout droit d'une fable
Dans sa niaiserie agitante commence la narration

ô gente dame ,pardonnez pardonnez ma délicatesse
Laissez-moi être un instant ce bel et majestueux océan
Vous touchez lentement mais surement de caresses
Je m'enivrais en glissant sur votre décolleté plongeant

Puis mes bras enveloppant votre corps comme la vague
ô ma douce belle, permettez permettez-moi vous sauver
De la forte tempête laissez-moi naviguer sans drague
Accordez-moi joyeusement la folie de me noyer

Sentir le délicieux vertige dans le tourbillon du triangle
Une sublime sentence attachée à vos sangles

Le papier noirci

Tout comme les poètes je voudrais t'inventer une rose
Celle des miracles où l'amour se vante en prose
Je t'aime follement que j'en oublie de vivre
Je scrute ,je gomme et j'invente les mots j'en suis ivre

Un instant d'égarement après la virgule , je fusionne
Avec toi comme mon encre et ma plume sans les consonnes
Libre de t'aimer un point polisson mais révérencieux
Dans mes vers un je t'aime rime car je suis amoureux

Ne me délivre pas de ton emprise j'en mourrai
Laisse-moi gouter à ce rêve figé à souhait
Mon esprit est sans gêne et affamé de ta beauté
Ma plume nourrit mes fantasmes dans les chaudes nuitées

A toi ma douce de circuler comme un courant d'air
Rien ne perturbe ta poésie j'en fais mon affaire
Tu es ma source , une chimère secrète dans mon songe
Le papier noirci de vers en vers il brûle tes mensonges

Et si maintenant...

Toutes mes nuits je sens le malaise
Le pendule se meurt devant le pas malheureux
Alors que le soleil brille aux amoureux
La tristesse que je cultive réchauffe la braise

L'esprit du murmure se presse à son aise
Et s'abreuve des sentiments néfastes même affreux
Où puis-je reconquérir sourires et moments radieux ?
En cherchant un peu sous la douleur de la grande fournaise

Suis-je aussi folle que la tumeur qui s'en suivra ?
Seul un être positif au large sourire vivra
Ecouter son cœur est un acte noble dans la folie

La vie est à vivre maintenant et pleinement
Et si maintenant j'appréciais chaque instant et purement
bien sûr que dans le malheurs s'inspire un courage de colibri

Un soir d'Aout

De tous les horizons notre amour diffuseur
D'étourdissements je ne réponds de rien en silence
Lors des souvenirs entre tes mains posées sur mon cœur
La nature est si merveilleuse sous la romance

Un soir d'aout près du bord d'un étang
On oublie tout le cœur battant la chamade
L'essentiel juste s'aimer un instant
Tous deux de blanc vêtus sous la vue des naïades

Quand vient le temps des beaux soirs près du cyprès
Et que le jour s'évanouit seule la lumière
De tes yeux illumine notre jardin secret
De toi mon gentleman un baiser est donné sur la clairière

De ta merveilleuse voix tu contes ta rêverie
Pendu à tes lèvres, je suis bercée d'histoires sous l'ombrage
Ou notre avenir se dessine de notre instant fleuri
Restons vivants dans cet épithalame l'âme n'a pas d'âge

Encore et encore

Comme ma plume danse sur le papier des souvenirs
Des instants de danses avec toi à grands sourires
Se penchent dans mon esprit et mon cœur bat
La musique monte la note et mon envie de t'aimer
est juste là

Ho ! Ma bien aimée entends-tu mon cri d'amour
Divines caresses de ton rouge baisers velours
L'amour s'empare de la douce cadence
Encore et encore une délicieuse danse

A jamais et pour toujours les mains entrelacées
Pour des plaisirs ou un corps à corps bercées
Par nos doux soupirs et ainsi volent les murmures
Qui d'aussi loin résonnent paisiblement dans l'aventure

Depuis toujours encore et encore de la beauté
Un baiser du beau fruit est souvent volé
Des frissons de bonheurs chassent tous les doutes
Sur une musique en continu au mois d'Aout

Tu rêves de parcourir le monde géant
Dans mes bras je te bâtirai des océans
A faire pâlir l'immensité du ciel
Où notre amour voguera sur le miel

Rêves étouffés

Les histoires se cachent dans les rêves étouffés
Sort de ce grimoire ancien de contes de fées
Prête- moi tes mots et une blanche craie
Mon âme a besoin d'écrire sans trahir tes secrets

Petite fragile ,écorchée vif ta tristesse
Nourrit une mélancolie enfouie sous l'encre qui blesse
Un bonheur de pacotille qui émerveille les poètes
Bientôt ces blessures amuseront une femme de tête

Un jour loin de cette souffrance naitra ton bonheur
Tu le saisiras sans mal au milieu d'un champs de fleurs
La noirceur crispée à ce cœur à la dérive
Disparaitra dans les eaux bleus de la rive

Silence on s'aime

Les mots grondent comme l'orage dans le ciel
De l'amour un langage est né mais sans le miel
Auquel seuls les animaux possèdent le secret
Les corps s'emmêlent et s'embrasent sans regret

L'imagination joue ses jeux poétiques
Deux papillons s'envolent sous les baisers authentiques
Cœurs scellés un soir pour un court moment
Dans leurs mémoires pour toujours et éternellement

Un amour éclair comme un zéphyr s'élevant loin
L'espoir renait des rêves sous l'émotion dans un coin
Deux proies s'amusent de leurs doigts comme un songe
Tout en oubliant leurs vies sous le silence des mensonges

Encore et encore

Comme ma plume danse sur le papier des souvenirs
Des instants de danses avec toi à grands sourires
Se penchent dans mon esprit et mon cœur bat
La musique monte la note et mon envie de t'aimer
est juste là

Ho ! Ma bien aimée entends-tu mon cri d'amour
Divines caresses de ton rouge baisers velours
L'amour s'empare de la douce cadence
Encore et encore une délicieuse danse

A jamais et pour toujours les mains entrelacées
Pour des plaisirs ou un corps à corps bercées
Par nos doux soupirs et ainsi volent les murmures
Qui d'aussi loin résonnent paisiblement dans l'aventure

Depuis toujours encore et encore de la beauté
Un baiser du beau fruit est souvent volé
Des frissons de bonheurs chassent tous les doutes
Sur une musique en continu au mois d'Aout

Tu rêves de parcourir le monde géant
Dans mes bras je te bâtirai des océans
A faire pâlir l'immensité du ciel
Où notre amour voguera sur le miel

Comme une mélodie

Comme une mélodie qui chante son refrain
Aux notes parfumées dans le dernier wagon d'un train
Je vois la vie que tu m'offres en noir et blanc
Ce sont les couleurs d'un souvenir d'antan

La guerre a tant fasciné les grands historiens
Mais les blessures et la mort ont heurté des cœurs anciens
A toi ma fleur dont le parfum flottera à jamais dans ce wagon
Que dire un manque restera et s'envolera un jour tel un ballon

Ma douce âme un baiser réveille encore mon cœur enflé
Ma plume me rappelle souvent le destin soufflé
Tu embellis mes nuits de rêves en ton hommage
Ta musique je l'écoute encore d'âge en âge

Mon cher amour

A Chaque saison ,je veux découvrir un nouveau regard
Une étincelle qui amuse mes sens sous les feuillards
Des bois en automne même sous nos discours blafards
Une douce caresse effacera d'inoubliables retards

Dans tes yeux je ressens toutes les fleurs d'été
Me couvrir d'amour dans toute sa pureté
Mes tristesses tu as su les noyer au bord de la jetée
Sous la douceur du zéphyr de nos premiers instants fêtés

Le temps de nos amours continue à fleurir
Ses tendresses pour renaitre au printemps et murir
Sans oublier nos petits plaisirs menant au rire
Et nos doux baisers de bonheurs à chérir

Ho ! mon cher amour juste toi et moi
Au coin du feu sous notre toit
En hiver dans tes bras chaleureuses je le crois
Notre amour triomphant sous le chant de la foi

Ta bonté est si ....

Ta douceur fragile tel un papillon
Ton nom restera gravé sous le pavillon
Ta gentillesse est la plus noble des vertus
Ainsi la lune éclaire la plus belle âme nue

Pourvu que l'amour honore de son joyau la clarté
Je ne connais point de beauté que la bonté
Que ton doux cœur s'en souvienne quand on se reverra
Dans toutes les routes sombres l'âme s'élèvera

Comme le tournesol embrassant le soleil
Tu me fais tourner la tête face à tes merveilles
Une bonté en rythme avec la vérité toute une beauté
Sans l'once de méchanceté tu fais vivre une grande charité

Au nom de l'amour ta liberté est un grand trésor
On l'appelle aussi la générosité un cœur en or
La lumière de la sagesse est harmonieuse
un geste sincère et grand dépassant les montagnes vertigineuses

Ma belle muse

Ma muse nue je l'habillerai de perles
Aussi douce et pure tout comme ma belle
Je les cueillerai de la source claire
De couleurs uniques tu illumineras de lumière

Je dessinerai tes yeux aussi brillant
Que le sublime éclats de diamant
Mes yeux ne pourront se détourner de ton regard
Que s'expriment le destin et le magique hasard

Ô muse ton parfum subtil pénètre tout mon être de poète
Même la plume en perd son équilibre sur la pointe
Le calice aux mille parfums tu verseras ton charme
ô pauvre de moi aurai-je le mérite sans que tu me désarmes

Ton âme est le diamant sertie de lumière enchanteresse
Dans ce bois la nature t'accueille comme une altesse
De ma profondeur une vive émotion lors des conversations
Mes larmes glissent sous le silence de ma discrétion

Même les vents embrassent ton corps sous ta robe perlée
Les affres du doute submergent et troublent mes

pensées
Mon cœur mortel sera rongé et blessé par les regrets
Aussi longtemps que mes pas fouleront cette forêt

Je trainerai ma mélancolie jusqu'a mon dernier sommeil
Je n'oublierai tes merveilleuses lèvres couleur vermeil
Le chant de mes louanges te berceront sans freiner ma douleur
Je me reposerai au dernier souffle de mon cœur

Le zéphyr du soir souligne tes courbes tremblantes
Je sens venir la fin de la rêverie plaisante
Ton corps rase le jardin mystique sous mon délire
Et tu disparais telle une fumée de myrrhe

Un peu plus de bleu

Un peu plus de bleu dans ma triste vie
Les journées peintes de l'ennui sans coloris
Exaspèrent mon petit cœur en quête de joie
Je veux bâtir mon monde sous mes lois

Le sublime est partout avec un soupçon de clarté
Illumine le noir je veux rêver lors de mes insolites nuitées
Ajoute du rose cela attendrira les mines moroses
Que les saisons d'autres fois ressuscitent sous des roses

N'oublie pas la pièce manquante à mes désirs
Accroche la douce pleine lune pour me sourire
Ma plume sera ravie de confier tous ses secrets
Sous la dentelle étoilée accrochée au-dessus de la forêt

Où la plume plongera dans la plus belle prairie
Les mots glisseront sur les chemins fleuries
Pour enfin saisir le nectar délicieux
Afin d'offrir le merveilleux poème à mon ciel bleu

Un cœur fragile

Je marchais seule un soir de lune
La foule chuchotait sa fragilité
et je vis
La douceur des battements de cœurs au-dessus des rancunes
L'amour le rend précieux pour l'éternité

Le luxe d'une belle mélodie au fond de nous
Cette symphonie durable elle berce nos sentiments
Et je ressentis
Sous le voile l'état heureux et délicat qui se moque de tout
La dureté de la vie inquiète le bonheur sous l'avertissement

Le pardon est bien simple face à la sensibilité
Une main tendue est plus sure bien évidemment
Mais si
Un bonheur côtoie l'inséparable et l'absurdité
il serait délicat d'y toucher sans faire mal inutilement

La crainte de l'humanité est de tout briser d'un coup
Même un seul cœur parcourant toutes les dunes
autrement dit
Un grain de sable réchaufferait un être haineux à genoux

La vie est si courte un cœur est fragile! réjouissez-vous

La cassure

Do ! Comme une goutte remplie de larmes lourdes
Qui tombent sur une joue enflée comme une gourde
Les doutes en Si s'allongent en force et sans gants
Ho ! Les certitudes se font la malle devant

Cette triste musique pianotée de notes brisées
Et donne le vertige glissant et touche l'âme abimée
Ho ! la vie est comme un arracheur de dent
Et ce piano fait un rappel tout en accusant

Les certitudes fondées non écoutées
Ho ! le danseur Do Ré de cette folle brise
Roulera des épaules pour chasser la tension lâchée
La cassure restera mais les brisures au Sol balayées

La pellicule

Bien que la main trempe
Une vie se développe
dans le noir
Ou la lumière magnifique
Accroche la photo argentique
le soir

Poursuivant son aventure
Le noir et blanc assure
L'art
Promet un monochrome sublime
Pour le photographe un plaisir ultime
une star

Dans son pâle souvenir
Les grains d'argent son élixir
et invisible
Demeure son passé au rinçage
Quelle histoire pour la belle image
Sur le câble

Balayé par le doux vent
Un film parcourt le temps
Accroché
D'un simple petit fil
Juste pour la beauté rare et subtil

elle reste branchée

Un doux Juillet

Je voulais écrire de simple mots
Mais la vague à l'âme joue de ses maux
Pardonne-moi de ne pas choisir d'aimer
Mon cœur enflé demain sera chagriné

Seul un fou comme moi se perd comme un idiot
A cet instant je souligne mon amour au culot
Mon âme reste suspendue à un amour manqué
Je crois que l'amour ne meurt jamais même piétiné

J'écris je t'aime si fort que la plume est en sanglot
Genoux à terre je mords la poussière comme un oiseau
Laisse la porte ouverte à un amoureux pour l'éternité
Un doux juillet nous attend mais de grâce ne te laisse désirer

La fantastique lyre

Dans le sublime de ton sourire
Une fièvre monte sur mes lèvres
J'entends même la valse tout en délire
La harpe danse sous le voile et je m'enivre

Encore un soir sous la fantastique lyre
Approche encore écoute un cœur qui se livre
Dans cette ambiance tous les feux sont sur ta mire
Ta partition révèle un chef-d'œuvre

Regarde encore comme je t'admire
Laisse la musique s'élever que je te découvre
Le violon est dans tous ces états et je chavire
Ta chaleur me réchauffera même sous le givre

Tes courbes dansent ce tango sous nos soupirs
Les notes me troublent et je reste seul ivre
Nos corps respirent et les draps transpirent
Laisse-moi joue contre joue avec ta peau couleur cuivre

La pluie

Une caresse de la fraicheur pluie
Elle rince nos petites blessures du jour
Parfois stimulante même sous son bruit
Tantôt ravageuse en été sous les tambours

Tombe la pluie je cueillerai tes gouttelettes
Et nourrir la famine qui erre dans l'heure
Dans les terres de pauvres braves gambettes
A toi ma belle eau divine qui courtise le siffleur

Dans ma bulle sous ton rideau chante une plume
Une douce mélodie ou tournent les parapluies
De ses mots elle retient les douces larmes
Cachées derrière les vitres sous l'ennuie

Le libertin

Dans l'ombre le fard noir épais se dévoile
Les pleurs se cachent derrière le voile
Les larmes noires s'éternisent en secret
Un jour la nostalgie tutoiera ce lourd regret

Elle était son muguet parfum d'un soir
Le bonheur d'un jour sans le savoir
Les clochettes d'un soir ne sonnent l'alarme
Dans le reflet du miroir le souvenir s'enferme

Un papillon de charme disparait avec le sourire mouillé
La tristesse d'un cœur brisé ternit sa veillée
Son âme volage convoitait une libertine
Il n 'avait plus de mots dans sa confusion assassine

L'angoisse

L'insomnie pénétra dans la nuit sombre
Mon angoisse s' enracine dans le trou noir ébène
Une peur envahissante sans échappatoire dans l'ombre
Un brin chaotique bien plus dangereux que la haine

La maltraitance de l'âme s'empare de mon esprit
Mes pensées négatives accélèrent la fièvre
Les images saccadées s'affichent sans aucun répit
Des visons obscures dignes de peintures couleurs mièvres

Le martyre engendre la folie de l'imagination tordue
La douleur enfouie est parfois mon triste sort
Toutes mes émotions fragiles sont mises à nu
La rêverie d'une nuit tranquille attendra la mort

La déchirure

Dans le jardin se tient la rose de ma muse
La grande pudique rime avec l'impudique
La douce brise lui joue une musique
Ma tendre endormie lui chante toutes ses ruses

Un voyage d'une vie à deux avec ma belle
Dans notre royaume ou soufflent bonté et amour
Ou la lune de miel restera sans doute éternelle
Du ciel à la terre unis par un baiser de velours

Elle joue de son charme ma gracieuse idole
J'arroserai son esprit remplit de beauté
Loin de ton cœur vivra ma déchirure dans mon âme folle
Dans mon illusion une fleur pour toi ma bien aimée

Quand je la touche je n'oublie tes bises
Sous les drap la senteur d'un parfum fleurit
Elle me ramène à ta douceur esquisse
Quand je t'aime la rose me sourit

Soleil

Offrez -moi le soleil et il sera roi
Je réchaufferai tous les cœurs froids
La lune si ma plume le désir je la toucherai du doigt
Dieu restera dans mon cœur c'est ma foi

Je lève les bras très haut au ciel
L'univers me couvrira de bon miel
Ma vie tourne sans arrêt autour du soleil
Il remplit ma vie de chaudes merveilles

Des fruits et du bien-être à l'infini
Mon visage s'illumine devant la blondeur qui sourit
A mon astre si cher à tous les esprits
Chaque vies ici-bas te glorifient d'un merci

Une paix paisible

Mes pas heureux traversent une forêt
Dans l'inconnu je m'éclipse sans regret
Comme ses feuilles d'automne qui volent
Et finissent leurs voyages pour mourir au sol

Une brise parfumée tout en douceur me submerge
Elle inonde mon être de fraicheur loin des berges
Comme une source qui coule dans son lit
Et fait le bonheur d'un oiseau tombé du nid

Une pause rêverie sous les ombrages
Accueil une paix paisible sans bavardages
Un bouquet de senteurs florale fait mon plaisir
Je le cueillerai à mon loisir

Toucher du doigts mes rêves interdits
Du haut de la lune qui resplendit
Pour suivre les lignes pures
D'un monde aussi beau que mon aventure

De l'autre côté

Un soir où la brume se dissipait lentement
Une âme naviguait de l'autre côté courageusement
Dans la nuit un bonjour vole à travers l'océan
Porteur d'un message d'amour bienséant

Près de toi , une lumière apaise ton cœur lourd
A l'intérieur du silence j'entends tes discours
Mes larmes te caressent à travers les grandes vagues
Ton nom gravé sur un coquillage dort au fond des algues

Les oiseaux voyageurs chantent ta tristesse
Dans ma lettre une foule de mots s'écriront en liesse
Ton parfum pour moi le doux zéphyr emportera
A la prochaine escale ton amoureux t'embrassera

Le chagrin

Le temps et l'ignorance apaisent un chagrin
La nuit les pleurs laissent place aux rires sous le lin
Sous la rumeur en course dans sa splendeur
La grande froideur s'essouffle et se meurt

La vie est amour, le chagrin reste dans l'oubli
L'enfer est pavé de petits bonheurs dans le défi
A l'amour comme à la haine une rivière de paroles
Mènent à la souffrance sous le saule

La peine toujours passagère s'envole sous un ciel rose
Un jardin de fleurs adoucit l'âme et la rose propose
Sèches les larmes sinon la douleur te trouvera
Ouvre la porte, dans la lumière tu baigneras

Une voix de velours

Mon souffle ralentit à minuit ou à midi
Son ombre disparue chuchote ses murmures
Une larme se retient et un doux sourire irradiât
Des instants magiques se dessinent sur nos murs

Du passé une voix de velours me rassure
Le passage d'un ange adoucit mes maux
Et sans trouble dans mon sommeil une âme pure
Un amour resplendit devant moi sans mots

Ses yeux scintillaient comme une étoile ce soir
De sa main délicate s'écrit un poème en prose
La lettre de tendresse s'est couché sur l'écritoire
La sainte s'éclipsa, à mes pieds reposaient des roses

Une belle âme s'envola tel un oiseau .

Faites- moi danser

Quand l' amour côtoie l'art, la passion s' exprime
Dès les premiers pas règne le sublime
ô que la musique réchauffe nos esprits
La note irrésistible vole et s'écrit

Gentleman faites- moi danser sans gêne
Dans vos bras je serai reine
De pas légers vos mouvements dansent comme un lord
Vos mots susurrés inspirent la poésie à mon corps

Vos mains me caressent comme une plume poétique
Laissant derrière elle une douceur romantique
Nos silhouettes fusionnent sans mots à ce bal
Faites-moi rêver sous cet éclatant fanal

Fougueux et passionné lors de mes lèvres embrassées
Sous la pluie aussi légère que la rosée
Les anges ont prédit cette nuit l'oracle
A l'amour ne chuchoter point d'obstacles

Le baiser

Embaumer un geste malicieux et amoureux
comme celui d'un tendre baiser précieux
Qu'en est-il de nos amours en peine
Une vive émotion parcourt encore nos veines

Un baiser langoureux au goût de fleurs
Dont la douceur d'un espoir saisit un cœur
Le réveil d'un triste cri guerrier
Quand celui-ci révèle trahison et pêché

Sans oublier le sulfureux baiser de deux amants
Un fruit défendu pour les aventures d'un temps
Passionné et langoureux comme une rivière de miel
Bonté divine qu'on me le dépose sur de douces
lunes

L'amour sourd

Au rendez-vous d'un amour sourd
Au nom de la rose j'ouvrirai les portes de l'amour
J'ornerai votre peau de roses un drapé de velours
Habitez mon corps afin de panser mon chagrin lourd

Ouvrez-moi votre cœur pur ma maison soupir
Prêtez-moi vos courbes sensuelles en désir
Mon âme poète vous écrit sa fantaisie en délire

Le silence léger sur votre peau les mots fleurissent
Délicate et pêcheresse votre malice est un délice
Sous votre emprise du péché originel ma main glisse
L'œil discret des cieux s'éclipse dans les coulisses

Genoux à terre, vos baisers brulants me rendent captif
Accordez- moi créature des nuits fauves vos privilèges
abusifs
ô douce muse au parfum de roses à vous je reste admiratif

Une quête incertaine

Eveillé ou endormi dans la nuit
La lueur de la lune me suit
Au fond du bois la lumière vous habille
Gente dame mon œil brille

Heureuse forêt souffle sa brise
De mes lèvres humides se dépose une bise
Mon insomnie se meurt de plaisir
Votre chevelure danse sous le doux zéphyr

Les oiseaux chantent l'air moqueur
Mon cœur leur sourit en vainqueur
Seul témoin vous ma fleur fragile
Je vous séduit près du lac de la presqu'île

Mon corps à vos côtés s'enracine
Un naufragé en quête incertaine
J'ai trompé la mort sans peur
Je demande asile à votre joli cœur

Harmonie d'un soir

Un beau jour sous le rayon caressant
Sans escale la passion l'emporta comme avant
Le temps d'un frisson sous les embruns des cieux
N'oublie jamais le gout salé d'un corps délicieux

Baisers clandestins sous le ciel azuré
Je te retiens sous les vagues retirées
La lune nous sourit jusqu'au petit matin
Ma plume gorgée d'amour t'offre des câlins

Amour toujours sans l'ombre d'histoires noire
Laisse- moi savourer l'harmonie d'un soir
Je signe notre amour sur le blond sable
Tout en adorant ses longues heures stables

Femme amoureuse des flots de l'océan coule mes larmes
Arrachant la grande tristesse de ton âme
Je fais de toi unique héritier de mon cœur
Dans ma vie ton cœur demeure

Un instant avec toi

Loin du tumulte au sein de mon paradis
Loin du faucheur noir d'épis
L'amour est un temple dans ma prairie

Ton sourire est ta plus belle parure
Mains caressantes, les tiges dansent dans cette nature
Je charme les oiseaux pour te chanter mon amour sur cette verdure

Le ciel m'accorde des ailes pour t'offrir un souffle sur la colline
J'irais me cacher dans le sein de cette terre de vigne pour un instant avec toi ma belle divine

Le nectar mielleux se posera sur tes lèvres colorées
Ma solitude caresse chaque jour ton sourire tant aimé
tu resteras à jamais la plus belle fleur de ce champs semé

L'ennui s'amuse à te découvrir dans mon boudoir
Ma folie mon envie se marient sous des chants d'espoirs
Viens m'embrasser une dernière fois dans ces couloirs

L'éclat de ta chevelure trouble encore ce coin discret
L'hôte que je suis a versé ses larmes en secret
Pour nourrir l'espoir de cet amour au pied du cyprès

Tu t'en va comme un papillon au milieu des coquelicots
Viens m'embrasser devant ses eaux
Encore une fois je suis triste le long de ces coteaux

Tandem

Mon cœur en désir gonflé en flamme
Un pinceau voltige avec une plume
Je dessine un espoir sans écumes
Et aussitôt Je m'enivre de tes rêves sublimes

La grande voile atteint ton monde de chimère
J'oublie les petits sentiments amers
Le vent m'emporte avec toi au large des mers
Jusqu'au bout de nos danses légères

Je t'aime au milieu d'un lagon d'iles
Même pour une vie fragile
Divine beauté j'inventerai notre idylle
Même bien loin je devine ton exil

Une passion oubliée

Comme une parenthèse de ma vie
Oubliée dans le passé d'un ancien lit
Ton absence se frotta à l'amnésie

Comme une étoile qui meure en tombant
La lumière ressurgit sur tes nébuleuses caressant
Un instant la faiblesse d'un cœur bouillonnant

Comme un soldat sans armes prit
Dans un tourbillon face à l'oubli
Une femme sublime décrit mon esprit

Une Belle chevelure dorée qui m'affole
Elle ferait tourner les tournesols
Dans un champs sous son allure folle

Comme un vieux souvenir qui se dévoile
je peins un visage sur une toile
Ton talon aiguille danse sous la voile
Ta présence me réveille d'un baiser sous les étoiles

La porte des songes

Dans un décor tranquille
Sous une lumière qui brille
Une étendue d'eau verte émeraude scintille

Les songes de la porte sacrée
S'invitent dans mes coussins parfumés
Au loin une fille parée
Berce mon âme gâtée

Bien loin des villes en vogue
Elle dansait aux sons des vagues
Je prie le ciel d'une éternelle fugue
Un poète signe ses mots sous les notes d'un orgue

Voilà que je tombe aux pieds d'une déesse
Une plume ouvre le cœur d'une pêcheresse
Le son de sa voix m'envoute avec tendresse
Le soleil levant m'éblouit sous ces caresses

Délicieuses lèvres attendez- moi à la
prochaine lune

Un soir d'été

Un soir d'été ,je l'ai entendu
A sa main tremblante fleurs suspendues
Un visage souriant rayonne d'espoir
D'un coup s'empare une peur couleur noire

A l'aurore un rêve me séduit
L'amour me sourit à l'aube de la nuit
Dans ma bulle ma plume se confie à moi
Elle savait et devinait presque mes émois

Prudente au cœur léger ailes déployées
Je vole sous le voile de la vérité
mon corps se perdit dans le noir de ses yeux
un baiser se posa avant de dire adieu

un mensonge se noya dans les larmes
Je sens la nudité d'un triste cœur sans armes
Une encre bleu libérée de ma main
L'espoir est mort ce matin

Exquise esquisse

Les traits de ma belle ensorceleuse
Sans une ride se dessinent à l'endormeuse
Une toile nue courtise une charmeuse
La plume écoute l'âme silencieuse

Volupté et courbes sensuelles sous le châle
Attise passionnément un vulnérable mâle
Ton sourire d'un coup de crayon devient fatal
Un souffle de vie s'élève sans mal

Contre ma peau ton parfum subtil
Elégance et mystère, j'en perd le fil
De mon rêve que reste-t-il ?
une inoubliable folle idylle

Sentiment obscur

Encore une nuit dans le silence sans lettres
Le voile de l'obscurité enveloppe mon être
Et mon esprit vagabonde dans le lac poétique
Ma plume en secret chante des cantiques

Le ciel pleure mon destin aux grandes blessures
Une pluie de mots apaise un sentiment obscur
Une vision se dessine sous cet océan noir
Une rose, deux roses, et mille espoirs

Le deuil d'une nuit tourmenté s'enterre
Au fond du sable laissant renaitre dans les airs
Un souffle pur dansant sous la grâce d'une main
Aussi léger qu'une plume contant un rêve libertin

Vice et versa

Ma douce et tendre amie
Quand je t'observe je réfrène mes envies
Ton état heureux me porte avec grâce
Le temps passe et passera hélas

Ta danse et ta joie de vivre circule comme un zéphyr
Je parcours ma vie et assouvir certains désirs
Le souvenir d'un grand regard noir intense
Me saisit mon cœur balaye toutes les offenses

La saison des fleurs s'annonce verdoyante
La ballade de nos amours semble émouvante
Le soleil décolore chaque jour un peu de toi
J'entend encore les beaux mensonges en rime de moi

La ballade fleurie

Un soir de printemps au ciel encore ensoleillé
Une tendre musique me tenait éveillée
Une ballade sous un air fleuri
Et voilà que mon être en peine sourit

Un bouquet reposait aux allures enchanteresses
Charmeuses et mélancoliques les fleurs
De ce petit moment effaçaient mes maux bleus
Et s'envolèrent très haut comme un adieu

De couleurs gaies, pétillantes et joyeuses
Elles contaient fleurette à mon âme butineuse
Un souvenir prêt à égayer mes grisailles du soir
Leurs parfums embaumeront mon cœur comme les encensoirs

Un soir d'antan

Un écho retentit comme un soir d'antan
Une toilette romantique me vêtis comme un gant
Vois-tu mon ami ,je t'attends
Mes yeux fermés fuient les regards insistants

Assise loin de la foule aux pensées ivres
A la recherche d'une douce phrase sans givre
Je te chuchoterai mes désirs les plus intimes
Ma douce plume te soufflera mes envies en rimes

Viens réincarner un instant cette merveilleuse idylle
Sous une timide ballade dans une charmille
L'élégance de ce siècle sous ce dôme
T'offrira un soupçon d'amour aux doux aromes

L'indifférence du silence

Un dôme majestueux dissimulant ses secrets
Toujours aux cœurs des longs discours discrets
Les lèvres cousues de fils d'or
Se passionnent en silence à voler tous trésors

Les anciennes cités se meurent à leurs contacts
La vie sous la voute souffre sous les infames actes
Un doigt caressant le nouveau monde et la terre tremble
Une main frôlant l'interdit et les étoiles touchent nos combles

Le feu des montagnes gronde sous l'explosion
Le bruit de la peur s'envole dans le ciel sans opposition
Les anges déchus masqués papillonnent sous nos yeux abusés
Ils dansent les diaboliques aux regards amusés

Les croyances de nos civilisations sont misent en accusations
L'amour perçoit la noire déchirure en action
Le besoin de vie et d'amour se résume en un
Les cœur sans haine s'accompagnent du divin

Viens près de moi

La mystérieuse étoile me souffla un air de croyance
L'amour , un formidable sentiment sous ses variances
Viens m'embrasser, Je t'écrirai un monde sans mal et sans fausseté
Tes rêves seront doux dans mes bras avec d'autres joyeusetés
Je m'inventerai des instants de gaités qui illumineront ton sourire
Viens enchanter ma vie, comme cette étoile qui me le dit sans l'écrire
J'essuierai tes larmes avec mon cœur de velours
Ma plume gommera ta mélancolie et ton chagrin lourd
J'oublierai un peu de moi pour n'appartenir qu'à toi
La vérité n'est que mensonge et trahison pour moi
La solitude te rejette dans ton flot d'incertitudes insufflées
Viens près de moi l'esprit du ciel me l'a soufflé

© 2018, Azri, Kari
Edition : Books on Demand,
12/14 rond-Point des Champs-Elysées, 75008 Paris
Impression : BoD - Books on Demand, Norderstedt, Allemagne
ISBN : 9782322161362
Dépôt légal : septembre 2018